LOUIS RESS

MGR MARET

ARCHEVÊQUE DE LÉPANTE

NOTICE NÉCROLOGIQUE

PARIS

LIBRAIRIE RESSAYRE

22, RUE SAINT-SULPICE, 22

1884

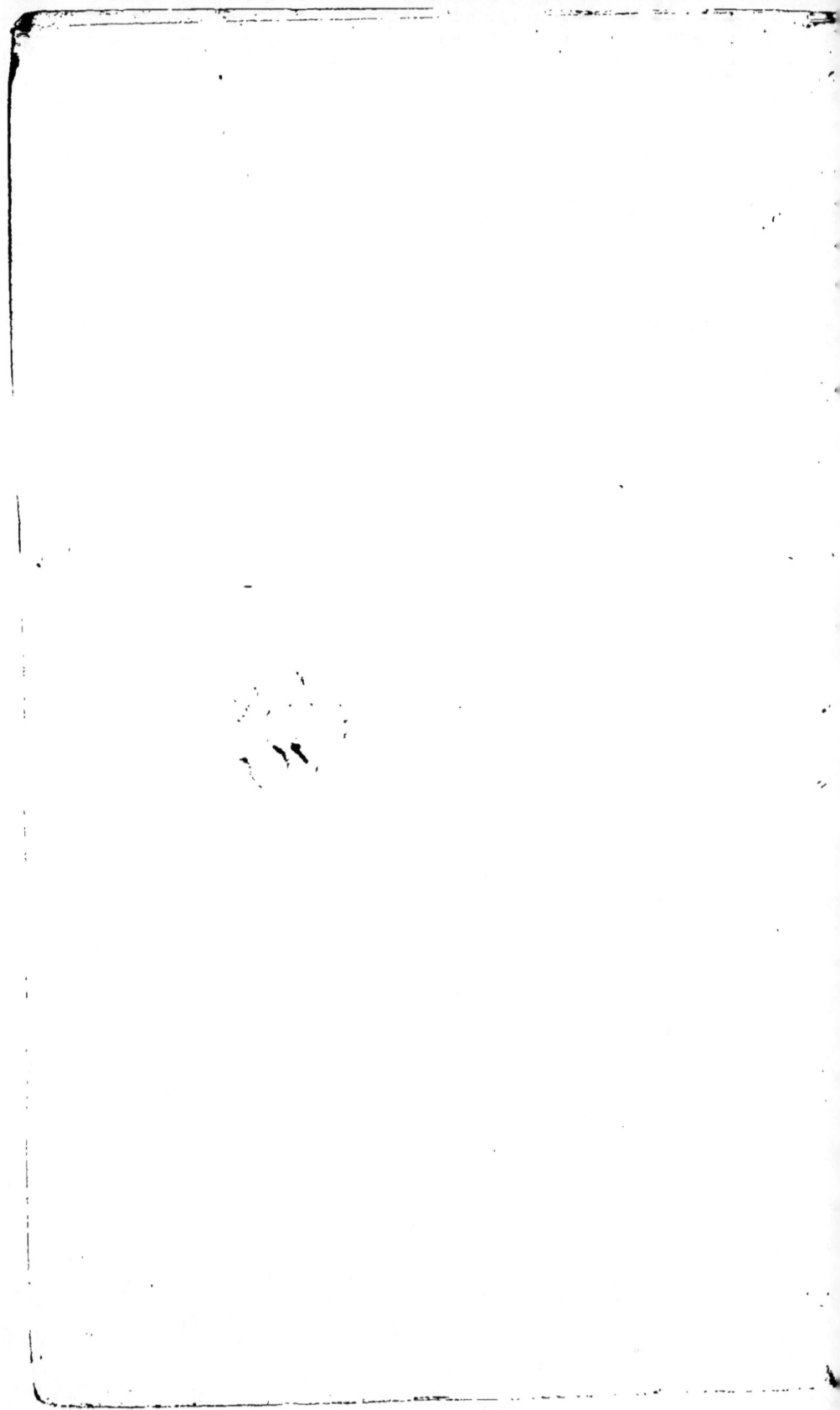

LOUIS RESS

MGR MARET

ARCHEVÊQUE DE LÉPANTE

NOTICE NÉCROLOGIQUE

PARIS

LIBRAIRIE RESSAYRE

22, RUE SAINT-SULPICE, 22

1884

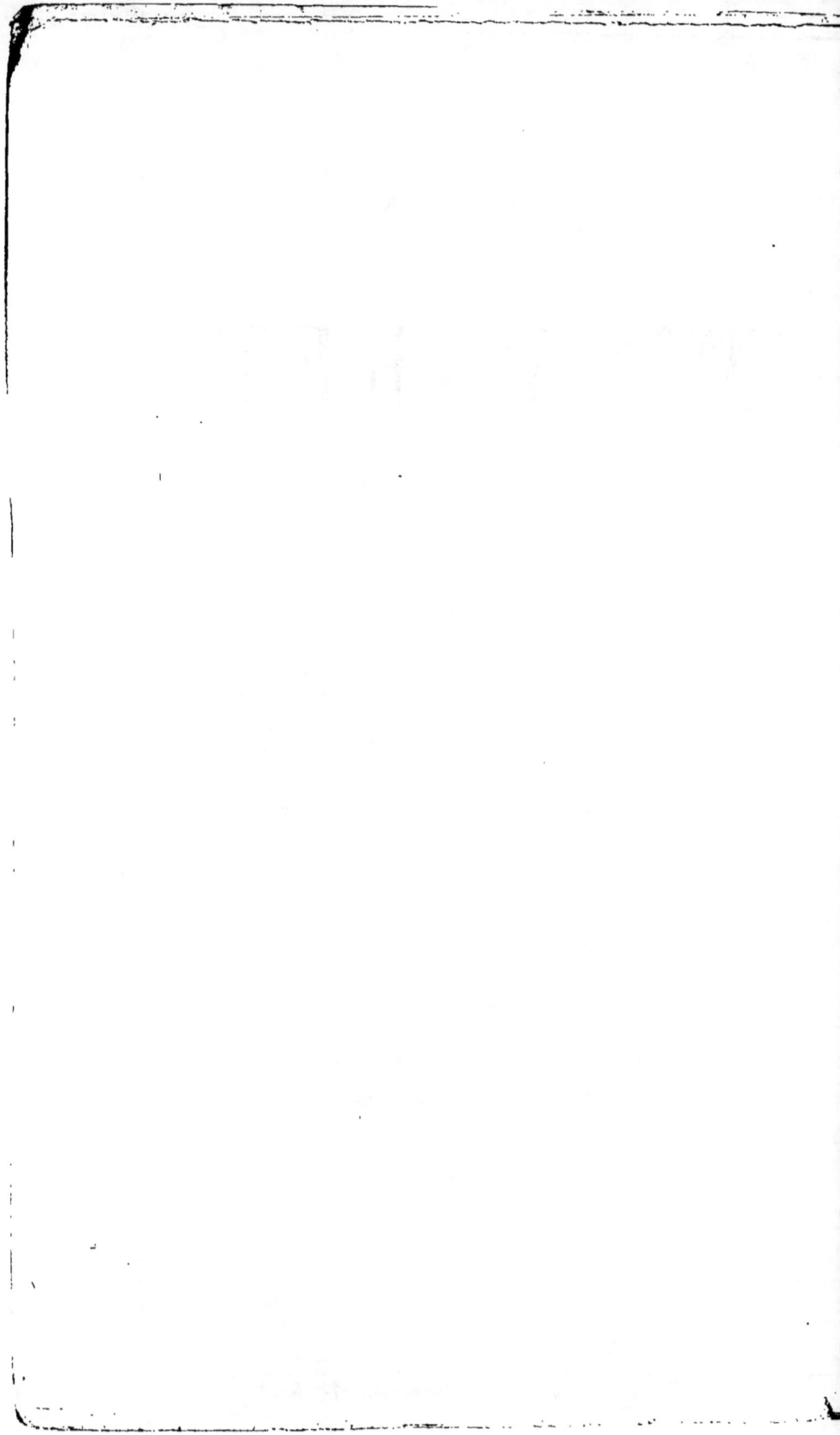

MONSEIGNEUR MARET

———

Au sujet d'un livre que nous venons de publier sur l'archevêque de Paris, l'autorité diocésaine faisait naguère d'insidieuses réserves, sans toutefois démentir ni un fait ni une affirmation. La chose en effet eût été difficile, car les uns et les autres étaient vrais.

Les documents insérés dans le nouveau travail que nous offrons au public, prouveront que l'auteur du *Cardinal Guibert* (1) était moins *cancanier* qu'on ne l'a dit à l'archevêché, et plus bienveillant qu'on ne l'y croit.

Un désaveu sérieux ne sera pas plus opposable à ce modeste écrit, dont le tort est de partager avec le précédent, la même critique d'inopportunité. Quant à nous, éditeur comme journaliste, nous persistons à croire opportun de raconter tout ce qui est intéressant et actuel. Les *morts vont vite,*

1. *Le Cardinal Guibert, notes et récits*, un vol., prix : 2 fr. 50. Librairie Ressayre, rue Saint-Sulpice, 22.

dit la ballade allemande, et le biographe doit se hâ-
ter derrière les cercueils, afin de soustraire à l'oubli
de bien chères mémoires. Cela explique pourquoi
j'écris ceci et comment cette notice paraît déjà.

Sur les confins de la Lozère et du Gard, entourée
de montagnes au pied du grand plateau de l'Ai-
goual, arrosée par le torrent de la Jonte, s'étale au
soleil du midi, la petite ville de Meyrueis, bourg
pittoresque de deux mille âmes, chef-lieu de canton
dans l'arrondissement de Florac.

C'est là que naquit le 20 avril 1805 Charles Maret,
archevêque de Lépante, primicier du chapitre de
Saint-Denis, doyen de la Faculté de théologie de
Paris, officier de la Légion d'honneur, décédé en
Sorbonne le 16 juin 1884. Son père, Louis Maret,
était fils d'un magistrat, président du tribunal civil
d'Alais, et proche parent d'Hugues Maret, duc de
Bassano, ancien ministre des Cultes.

Sa mère, Henriette Lecocq, était la fille de Henri
Lecocq, capitaine d'un régiment des *Enfants perdus
du roi*, composé de cette jeunesse, appartenant à la
noblesse de France, qui avait plus de vices que de
vertus et qu'on enrégimentait sous une discipline
de fer ; braves soldats d'ailleurs, bons cœurs, et
francs polissons.

Le petit Charles devint orphelin dès sa naissance,

car sa mère mourut en le mettant au monde. Ainsi le deuil du lendemain attrista de ses crêpes funèbres les douces joies de la veille.

Sa sœur, qui épousa plus tard M. Donassans, dont le fils devint un de nos préfets les plus distingués de la République, était de dix ans plus âgée que son frère.

Cette circonstance fut favorable à l'enfance de Charles. Sa sœur, en effet, couvrit de sa protection fraternelle les premières années de cette vie si bonne à l'Église.

Le nouveau-né reçut au baptême, les prénoms de Henri-Louis-Charles et signa toujours de ces trois noms.

Il y avait à Meyrueis une nombreuse et vieille noblesse. Cette aristocratie qui assurait remonter aux Croisades, sans y être jamais allée, avait gardé intactes et fières les traditions des jours passés ; et de toutes les villes de France et de Navarre, c'est bien celle où l'on vit le plus longtemps des voltigeurs de Louis XV, en perruque poudrée, culotte courte et bas de soie.

Ce milieu explique comment, par les relations de son grand-père maternel, le jeune Maret, devenu prêtre, fut choisi, en qualité de secrétaire par le cardinal de Lantil, le plus bourbonnien des évêques légués par la Restauration au gouvernement de Juillet.

Malgré cet entourage, où se passèrent ses premières années, Mgr Maret ne fut jamais légitimiste. Dès son enfance, d'ailleurs, l'amour de Dieu attira son âme et demeura la grande passion de son cœur. A peine âgé de cinq ans, il dressait des autels et passait ses journées à reproduire les cérémonies de l'Église.

Ainsi, à soixante-quinze ans de distance, et sur sa dernière heure, on le verra, presque agonisant, accomplir les rites du saint-sacrifice, et ses familiers attentifs l'entendront réciter, dans le délire de la fièvre, inconscient et pieux, tout l'ordinaire de la messe. Indices certains des pratiques sacerdotales, religieusement observées du berceau jusqu'à la tombe.

Charles Maret entra, bien jeune encore, au collège d'Alais. Il s'y fit remarquer par son travail, comme par son intelligence. Il y eut pour condisciple J.-B. Dumas, membre de l'Institut, et M. de Larcy, ancien ministre.

Plus tard, son père l'envoya terminer ses études au collège royal de Nîmes, ou l'élève remporta de brillants succès.

Le lycée, peu favorable aux vocations ecclésiastiques, fut sans effet sur l'âme essentiellement pieuse de notre lycéen.

L'Université naissante était plus nuisible à la

religion, par l'absence d'un bon enseignement chrétien, que par les théories philosophiques de ses
maîtres. Les professeurs de province, généralement
peu instruits, ne sortaient guère du terre à terre
d'un syllogisme.

Plus tard, le doyen en Sorbonne plaisantait volontiers avec ses souvenirs pédagogiques, assurant
que son professeur de logique parlait de métaphy-
sique, à peu près comme M. Jourdain, de Molière,
faisait de la prose, sans le savoir ni s'en douter.

Ses études secondaires terminées, Charles se rendit
à Paris pour entrer au séminaire de Saint-Sulpice.
— Il y vint en compagnie d'un ami et condisciple,
M. l'abbé Bourgoin, décédé premier curé de Saint-
Augustin.

La mort seule brisa cette intimité que la distance,
pas plus que la carrière, n'avait séparée durant la
vie. Privilège rare, presque inconnu dans le monde,
où ne se réalisent guère, ni les promesses naïves de
l'adolescence, ni les rêves charmants des amitiés
premières. Serment d'un jour, illusions trop aimées
qui s'évanouissent, à la manière de ces paysages
riants et tout ensoleillés, que le voyageur voit ap-
paraître et disparaître dans la course rapide d'un
express.

L'abbé Maret se montra au séminaire ce qu'il

avait été au collège d'Alais, un esprit travailleur et distingué. Il était de plus un modèle. Sa vocation, qui datait de loin, n'avait pas été cultivée en serre chaude, et se trouvait à l'aise dans le règlement de la maison.

La manière de Saint-Sulpice, qui peut être contestée dans l'organisation de l'étude, est un chef-d'œuvre comme éducation cléricale. La vie future du prêtre y est supérieurement préparée. Les sulpiciens doivent mal connaître le monde laïque, mais ils possèdent merveilleusement la connaissance du clergé ; et s'ils apprennent bien la théorie par la théologie, ils restent sans rivaux dans la pratique de façonner leur sujet aux mœurs austères du sacerdoce. Ils forment des prêtres comme à Saint-Cyr on fait des soldats, des marins à Brest, c'est-à-dire des hommes de vocation.

Car de même que les normaliens et les polytech, niciens travaillent sur l'acquit de l'école, ainsi le prêtre, dans son existence religieuse, vit de ce qu'il fit et comme il fut à Saint-Sulpice. Ce long séjour est au clergé ce qu'est l'École normale supérieure à l'Université et Saint-Cyr aux cadres de l'armée : une préparation de choix à leur carrière.

Or donné prêtre en 1830, par Mgr de Quélen l'abbé Maret devint aussitôt secrétaire du cardinal de Lantil, archevêque de Reims. La révolution de

Juillet ne lui permit pas d'exercer longtemps ces délicates fonctions.

Le cardinal de Lantil, compromis dans la politique bourbonnienne, dut quitter la ville archiépiscopale. Son secrétaire l'accompagna tout d'abord. Mais un maire des environs ayant reconnu l'archevêque sous ses habits laïques, le menaça de l'arrêter, s'il ne passait immédiatement la frontière sous son déguisement. L'ecclésiastique mit en sûreté son Éminence et s'en retourna.

A cette époque, l'abbé Maret se rendit à Rome, visita l'Italie et parcourut l'Allemagne. Ce voyage dura un certain temps. Car ce n'est qu'en 1832, en pleine épidémie cholérique, que nous le retrouvons à Paris, vicaire à Saint-Philippe du Roule, prodiguant ses soins aux moribonds et secourant les pestiférés, très nombreux dans ce faubourg encore pauvre et délaissé.

De taille moyenne, un peu courbé sur la fin de ses jours, Mgr Maret portait une tête expressive sur un corps très osseux. Les années changèrent plus tard cette maigreur, ainsi que le brun intense de son teint. Frappé de surdité jeune encore, il vivait volontiers avec lui-même, surtout parmi ses livres.

Levé à cinq heures et demie du matin, il faisait une heure d'oraison, disait sa messe à sept heures et demie. Puis il décachetait son courrier, qu'il n'ouvrait jamais avant et travaillait jusqu'à onze heures. Il déjeunait, allait se promener habituellement au Luxembourg et rentrait. Il faisait alors quelques visites, dînait à sept heures ; il restait au salon jusqu'àprès huit heures, travaillait ou priait jusqu'à onze et se couchait. Cette vie régulière autant que sacerdotale, il l'a menée durant un demi-siècle.

Esprit travailleur, il avait un grand acquis. Son caractère un peu aigri par son infirmité, le rendait ombrageux. Ame belle pourtant, qui croyait toujours le bien et usa sa vie à vouloir unir ce qui n'est pas conciliable, le monde moderne, dont l'esprit ne vaut guère plus que l'ancien, avec Dieu qui a maudi le monde. Cœur généreux qui aimait à soutenir les jeunes, dont il conduisit plusieurs à l'Épiscopat.

Auteur brutalement discuté par une critique malveillante, odieuse ou détestée, il était peu accessible aux louanges, mais ne se consolait pas des attaques. Il s'en plaignait à ses amis, s'en tourmentait et ne put jamais, même dans ses vieux jours, opposer aux écrivains qui le bafouaient, l'indifférence du mépris qu'ils méritaient.

Cette appréhension du qu'en dira-t-on, Monseigneur l'avait jusqu'à la faiblesse suprême, et il suffit de lire ses réponses, ses défenses, comme ses mémoires toujours longs, pour comprendre les émotions douloureuses et les peines morales que dut ressentir ce prêtre dans les épreuves que ses adversaires ne voulurent ou ne surent lui ménager.

L'archevêque de Lépante, sévèrement jugé, eut, sa vie durant, un amour passionné de l'Église, avec le respect absolu de ses chefs. Se confessant régulièrement chaque quinzaine à M. Icard, supérieur général de Saint-Sulpice, il accomplissait tous les exercices ordonnés aux prêtres, depuis les plus graves jusqu'aux plus modestes.

De mœurs irréprochables, régulier, correct, laborieux, pieux, il laisse la réputation d'un savant et digne prélat. Le reste importe peu.

L'opinion des journaux vaut les deux sous qu'on les achète, et celle des journalistes, si elle a plus de valeur, n'est pas toujours celle qu'ils écrivent.

Les années insouscientes du vicariat de Saint-Philippe du Roule laissaient à l'abbé Maret des loisirs dont il profita pour travailler. Il étudia les auteurs allemands, visita de nouveau leur pays et publia en 1839 un livre très remarqué sur le *Panthéisme* et les *Sociétés modernes*. Ce travail d'une haute valeur mit son auteur en lumière. Mgr Affre, qui venait de succéder à Mgr Quélen, le désigna comme professeur à la Faculté de théologie de Paris, 1840.

Le professeur débutait à la Sorbonne sous de bien heureux auspices. Il devait y vivre durant quarante-quatre ans, entouré d'un prestige considérable et devenir la grande sauvegarde, sinon la dernière, de cette célèbre Faculté de théologie que les passions jalouses, comme les critiques justifiées battirent en brèche durant des siècles, sans pouvoir jamais amoindrir sa renommée d'éloquence, pas plus qu'oblitérer son amour de la France.

Pendant son professorat de vingt ans, dont les cours attirèrent un auditoire nombreux et choisi, Mgr Maret publia successivement une *Théodicée chrétienne ;* considérations sur la notion chrétienne et le rationalisme, 1845. — *Amélioration de la discipline ecclésiastique,* 1848. — *Dignité de la raison humaine et nécessité de la révélation,* 1856. — *Défense de ce livre,* 1858. — *Les Philosophes et le Clergé.* — *L'Église et la Société laïque.* — *Des attaques contre l'Église* 1860. — *Discours divers,* 1863. — *L'Antichristianisme,* 1864. — *Du concile général et de la paix religieuse,* 1869. — *Le Pape et les Évêques,* 1869. — *Notice sur le chapitre de Saint-Denis,* 1876. — *La Vérité catholique et la Paix religieuse,* 1884. Ce dernier avait déjà reçu les félicitations de Léon XIII.

Le livre *Du concile* devait avoir une certaine importance, car il fut composé avec l'aide et les conseils, sinon la collaboration de MM. Baroche et Roullan.

L'empereur lui-même voulut bien écouter les quelques pages d'épreuves que lui lut une des lectrices de l'impératrice sous les ombrages de Compiègne.

On retrouve dans le dernier ouvrage de Mgr Maret, *De la vérité catholique et de la paix religieuse*, plusieurs idées émises dans *le Concile général*. C'est que l'auteur, avec quelques propositions qui déplurent, y soutenait des thèses toujours actuelles.

La note dominante de tous ces travaux, dont plusieurs furent vivement attaqués, est un sentiment de conciliation et un désir d'apaisement poussé peut-être à l'extrême. Mgr Maret croit évidemment les hommes meilleurs qu'ils ne sont ; il les engage en un très bon style à vivre en paix. Les considérations élevées y abondent. Les données philosophiques s'y développent avec une autorité de savoir, jointe à un talent remarquable d'exposition, qui prédispose en faveur de l'auteur, en dépit de son but chimérique et de ses conclusions faites pour un monde autre que le nôtre. La question de doctrine est par nous réservée, n'ayant aucun droit de l'examiner, pas plus que le désir de le faire.

Mgr Affre, rendant hommage aux qualités maîtresses du jeune sorbonnien, se l'attacha comme vicaire général. Le successeur de l'archevêque mort glorieusement aux barricades, Mgr Sibour, renouvela au docteur en Sorbonne ses lettres de grand vicaire.

La République de février 1848 avait séduit le professeur de théologie, sans le surprendre. Sa réputation de prêtre libéral et orthodoxe le fit choisir en qualité de directeur spirituel par une jeunesse d'élite, dont la plupart sortait de Stanislas. Ce collège, après avoir soutenu des rivalités brillantes et difficiles, est devenu, à Paris, le vaillant et dernier rempart de l'enseignement chrétien, la consolation des vaincus d'hier, comme l'espoir des catholiques du lendemain, en nos jours de lutte et d'ostracisme religieux.

Parmi ces jeunes gens était M. Arnaud, de l'Ariège, que l'abbé Maret connut dès 1845 et dont il bénit le mariage.

Cette intimité avec la famille Arnaud de l'Ariège donna lieu à un épisode qui mérite d'être conté.

· C'était au lendemain du Deux-Décembre, Victor Hugo que la police recherchait, s'était réfugié chez M. Arnaud de l'Ariège, où il était mal en sûreté. Mme Arnaud prit alors le poète dans sa voiture et le conduisit chez l'abbé Maret, qui le cacha dans sa demeure, le temps nécessaire à sa sûreté.

L'auteur des *Misérables* avait gardé un reconnaissant souvenir de cette courageuse hospitalité. Aussi, lorsque plus tard les assemblées politiques demandèrent la suppression du chapitre de Saint-Denis et de la Sorbonne, M. Victor Hugo, sénateur, s'en alla trouver ses amis de la gauche et leur dit : « Laissez donc, je vous prie, le chapitre de Saint-Denis chanter tranquillement son office et la Sorbonne enseigner en paix, tant que Maret sera là. » Voilà peut-être pourquoi les chanoines de Saint-Denis furent conservés mais point remplacés, et comment Mgr Maret, sous la troisième République, aura été le seul primicier de Saint-Denis en devenant le dernier des doyens en Sorbonne.

De ces jeunes gens était Eugène Rendu qui devint collaborateur du maître, alors que l'abbé Maret rédigeait l'*Ère nouvelle*, dont il fut le fondateur avec le Père Lacordaire.

Il connut et vécut de la sorte, soit à l'*Ère nouvelle*, soit au *Correspondant*, avec cette magnifique phalange de néo-catholiques qui eurent nom Montalembert, Ozanam, Lacordaire et Gerbet.

Lamennais fut aussi un de ses chers admirés, dont la révolte contre l'Église le désola plus encore par son apostasie que par la rupture brutale qu'il imposa à son affection, mais qu'il accomplit sur l'heure et sans conseil.

L'abbé Maret n'en passa pas moins pour républi-

cain, ce qui était peut-être vrai, et pour suspect
d'hétérodoxie, ce qui était faux.

Quoi qu'il en soit, l'Empire le nomma doyen de la
Faculté (1853) et officier de la Légion d'honneur
(1859) ; il était chevalier de l'Ordre depuis 1847.

Dans l'année 1861, l'évêché de Vannes, devenu
vacant par la mort de Mgr de la Mothe, fut offert à
l'abbé Maret. Le parti ultramontain fit une vive opposition à cette nomination qui parut néanmoins à
l'*Officiel*. Rome se rangea de l'avis des évêques de
Nîmes, de Poitiers, surtout du cardinal Antonelli,
peu sympathique au caractère généreux et naïf de
ce candidat à l'épiscopat, et, profitant de l'infirmité
du théologien, déclara qu'il lui était impossible de
confier un diocèse à un évêque atteint de surdité.

M. Maret se soumit, mais le gouvernement de
l'Empereur, désirant qu'il fût bien démontré que le
refus de Rome se basait sur un fait matériel, non
sur des raisons morales, demanda et obtint un
titre épiscopal pour le doyen de la Faculté de Paris.
C'était une atténuation, non une compensation
qui affecta, sans l'irriter l'âme sacerdotale de notre
sorbonnien.

Mgr Maret fut préconisé évêque de Sura *in partibus
infidelium* le 22 juillet de la même année, et sacré
à la Sorbonne le 25 août suivant, jour de la Saint-

Louis, par le cardinal archevêque de Paris. Le jour
même un décret impérial le nommait chanoine de
premier ordre du chapitre de Saint-Denis. Bientôt
après, Mgr Morlot le fit chanoine d'honneur de la
métropole, dont il était chanoine honoraire depuis
1840.

Mgr Maret non seulement se préoccupait de la Faculté de théologie, de son corps enseignant qu'il
dirigeait avec sagesse, en faisant de la Faculté,
une pépinière de l'épiscopat ; mais encore il prati-
quait son devoir de doyen à l'égard des étudiants
de la Sorbonne. C'est ainsi qu'en 1868, au lendemain
du Congrès de Liège, d'accord avec Mgr Darboy, il
fit citer devant le conseil académique les étudiants
Raoul Rigault, Longuet, *Pipe-en-Bois*. La décision
qui intervint les priva du droit d'inscription pendant de longs mois. Le procureur de la Commune
s'en souvint en temps et lieu ; il fit payer de sa tête
à l'archevêque de Paris cet acte de rigueur.

L'évêque de Sura bénéficia de son titre *in parti-*
bus infidelium ; n'ayant pas charge d'âmes à Paris,
et Saint-Denis étant occupé par les Prussiens, il se
retira en province.

L'évêque de Sura avait vécu dans l'étude de 1860
à 1870, époque où il se rendit de nouveau à Rome à
l'occasion du Concile.

Il se rangea dans la minorité et prenait volontiers le mot d'ordre de Mgr Darboy, qui le lançait en éclaireur plus érudit que tacticien habile, se réservant de livrer l'assaut lui-même dans un combat à armes froides et courtoises, portant des coups perfides et bien rudes.

Mgr Maret se fit rappeler à l'ordre dans une des séances du Concile. Mais lorsque les Pères eurent voté le schema sur l'infaillibilité, l'évêque de Sura se réunit avec tous les membres de la minorité et déposa son adhésion au Concile. A la fin de l'année 1871, il remit celle de la Faculté entre les mains de Mgr Guibert, devenu archevêque de Paris.

De plus, fils obéissant de l'Église, il brûla son livre sur le *Concile général*, et racheta l'édition, qu'il détruisit.

Cette conduite réjouit le Pape, et lorsqu'en 1873 le gouvernement voulut le nommer primicier, la Cour pontificale ne souleva aucune difficulté.

Les négociations qui eurent lieu à cette occasion sont exposées dans une correspondance, que nous transmet un ami de Monseigneur. Elle fut échangée entre ce dernier et Mgr de Marguerie, ancien évêque d'Autun.

« Monseigneur,

« J'apprends à ne pouvoir plus en douter que Votre

Grandeur fait des démarches actives pour obtenir sa nomination au Primicériat de Saint-Denis.

« Je respecte, Monseigneur, les raisons qui vous portent à désirer cette dignité. Mais je suis bien persuadé que vous ne vous êtes pas rendu compte du tort que vous pouvez me faire par cette poursuite.

« Plein de confiance dans votre justice et dans les égards que vous savez si bien observer envers ceux qui ont l'honneur d'être vos collègues, j'appelle votre attention sur les points suivants :

« Je suis chanoine-évêque de Saint-Denis depuis plus de douze ans. Sans l'avoir aucunement recherché, j'ai été élu à l'unanimité vicaire général capitulaire.

« Depuis deux ans, j'exerce de mon mieux toutes les fonctions du primicier, et j'ai dû défendre à mes risques et périls l'institution elle-même, menacée dans son existence et ses privilèges.

« Le Chapitre m'a fait l'honneur de demander ma nomination au Primicériat.

« Mgr le Nonce apostolique s'est montré très favorable à ce vœu. Il a déclaré maintes fois ses intentions bienveillantes à plusieurs évêques ; il me les a déclarées à moi-même. La persuasion de ma nomination est généralement répandue dans l'Épiscopat (j'en ai la preuve par ma correspondance), dans le clergé, dans le public. Le gouvernement

aussi a bien voulu témoigner des dispositions sym-
pathiques.

« Dans cet état de choses, si, après deux ans d'exercice des fonctions de primicier, j'en suis dépossédé, les suppositions les plus défavorables pour-
ront être faites à mon détriment. Une atteinte sera
portée à ma considération et un préjudice notable
que je ne crois pas mériter en résultera nécessai-
rement.

« En vous signalant les suites méritables du succès
des démarches commencées, je ne crois, Monseigneur, ni manquer à ce que je vous dois, ni sor-
tir des limites du devoir qu'impose le soin raison-
nable de la dignité personnelle.

« J'ai l'honneur d'être, avec un grand respect,
Monseigneur,

          « Votre très humble et très dévoué serviteur,

« Signé : + H. L. C., évêque de Sura, Sorbonne.

Mgr de Marguerie répondit :

          « Monseigneur,

« Lorsque j'ai, il y a déjà longtemps, prié son
Excellence le Nonce de transmettre au Saint-Père ma
demande d'être déchargé du fardeau de l'Épiscopat,
je lui ai en même temps exprimé ma résolution de
terminer ma carrière au sein du Chapitre de Saint-
Denis, et l'espérance de devenir primicier résidant.

« Depuis, son Excellence le Nonce m'a toujours exprimé le désir de me voir nommer primicier en résidence à Saint-Denis. L'ancien ministre que je vis, il y a plusieurs mois, me parut peu favorable. Depuis j'ai abandonné la solution de cette affaire à la Providence, et d'ailleurs je ne pensais pas que votre Grandeur songeât à ajouter la dignité de primicier de Saint-Denis à la haute position qu'elle a comme doyen de la Faculté de théologie de Paris. En toute hypothèse, je suis bien décidé à demeurer à Saint-Denis et je désire sincèrement que l'office canonial y soit organisé d'une manière digne de la beauté de la basilique et devienne un sujet d'édification pour cette pauvre ville.

« J'ai l'honneur d'être avec respect, Monseigneur, de votre Grandeur, le très humble et très obéissant serviteur,

« Signé : FRÉDÉRIC, ancien évêque d'Autun

« Chanoine de Saint-Denis.

« Paris, le 8 juin 1873. »

L'évêque de Sura répondit la lettre suivante.

« Monseigneur,

« Je vous demande la permission de répondre un mot à la lettre que vous avez bien voulu m'écrire hier. J'étais depuis huit ans doyen de la Faculté de théologie de Paris, lorsque j'ai été nommé d'abord au siège de Vannes, ensuite évêque de Sura.

« Jamais le Décanat de la Faculté de théologie n'a été regardé comme surcroît de dignité pour un évêque. On a conservé celui que j'avais à titre d'un certain dédommagement.

« Quant au Primicériat, je n'ai rien recherché ; je n'ai pris *aucune espèce d'initiative*, ni auprès du Chapitre, ni auprès de Mgr le Nonce, ni auprès du ministre. J'ai même empêché une démarche du Chapitre au gouvernement de M. Thiers.

« Toute mon intervention s'est réduite à signaler le tort qui me serait fait, si, dans ma situation, après les démarches, les déclarations, les promesses entièrement spontanées en ma faveur, et après deux ans d'exercice, j'étais dépossédé.

« J'applaudis de tout cœur au désir que Votre Grandeur témoigne de la résignation du Chapitre et de l'office canonial, d'autant plus que je travaille, non sans peine depuis deux ans, à cette réorganisation.

« J'ai l'honneur d'être avec respect, Monseigneur, de votre Grandeur, le très humble et très obéissant serviteur,

          « Signé : H. L. C., évêque de Sura, Sorbonne. »

Suivant ses désirs, Mgr Maret fut nommé primicier de Saint-Denis le 27 septembre 1873, et installé le

17 février 1874, par le prince Chigi, nonce apostolique.

Le nouveau primicier s'efforça d'établir l'ordre et la discipline dans le Chapitre ; il y réussit de son mieux.

Sans habiter Saint-Denis, il y avait un pied-à-terre, il y recevait ses collègues. Il voulut même prendre domicile, et donner à cet effet sa démission de doyen, qu'il offrit en novembre 1879. Mais le ministre de l'Instruction publique l'en empêcha, déclarant que sa retraite entraînerait la suppression de la Faculté de théologie (1).

Le Chapitre de Saint-Denis avait été réorganisé par des lettres apostoliques du 12 octobre 1872. Cette institution était déclarée indépendante de l'archevêque de Paris et ne relevait que du Pape, dont les pouvoirs étaient délégués au primicier.

· Mgr Maret s'employa à défendre auprès des pouvoirs publics la Sorbonne et Saint-Denis. Lorsque M. Gambetta fut devenu président de la commission du budget, le primicier lui rendit visite ; il intercéda, plaidant longuement et chaleureusement ces causes si chères à son cœur. Nul doute aussi que les relations réciproques de ces personnages avec la famille Arnaud, de l'Ariège, n'ait aidé à cette en-

1. Mémoire de Mgr Maret adressé à Rome en réponse aux lettres de l'archevêque de Paris, des 4 et 16 novembre 1879.

tente, si fructueuse pour la conservation de nos deux institutions ecclésiastiques.

Mgr Maret alla plus tard à la présidence du palais Bourbon; il y fut toujours accueilli par M. Gambetta, qui l'avait en très haute estime. Sans l'affirmer, la réciproque nous paraît vraie, avec certaines réserves qui vont de soi. L'évêque de Sura eut toujours, d'ailleurs, d'excellents rapports avec les pouvoirs établis successivement en France, car chez lui l'Église primait la politique. Les gouvernements, de leur côté, se montrèrent favorables à cet évêque érudit et conciliant, et plus d'une fois la direction générale des cultes, aussi sympathique que correcte avec M. Flourens, le soutint dans les démêlés que le doux prélat eut avec son insigne Chapitre.

Les journaux, à l'occasion de sa mort, ont inexactement raconté un incident de son Primicériat. Nous croyons utile de le rétablir dans toute sa sincérité.

M. Lepère, alors ministre des Cultes, intimement lié avec un membre de la famille de l'abbé Thomas, voulut donner à ce dernier une stalle à Saint-Denis où il n'y en avait pas de vacante. Mgr Maret, interrogé, répondit que la présence au Chapitre, ainsi que la résidence à Saint-Denis étaient obligatoires d'après les bulles d'institution et de réorganisation, et que le chanoine X..., ne tenant aucun compte de ses remontrances, violait la règle depuis plus d'une an-

née, soit en n'assistant pas aux offices, soit en ne résidant pas près de la basilique. « Il peut donc être
réputé démissionnaire, » ajoutait le prélat. M. Lepère, sans autre forme de procès, fit aussitôt rendre
un décret, qui remplaçait le chanoine absent (ceux-
ci ont toujours tort), par M. l'abbé Thomas.

M. l'abbé X... se plaignit à Rome, mais le Pape
donna raison au primicier, qui, en outre, avait été
convoqué devant le juge de paix de Saint-Denis, par
le chanoine récalcitrant.

La seule objection qu'on puisse élever contre cette
substitution canoniale, c'est que le ministre remplaçait un chanoine résidant près de Saint-Denis,
le Vésinet, par un autre qui habitait très loin, dans
les Ardennes. Mais le primicier avait dispensé ce
dernier et non le premier de l'assistance au chœur ;
la lettre de la règle était donc observée. D'ailleurs
pour un chanoine manquant le chœur ne chôme,
pas plus que l'abbaye faute d'un moine.

Sur ces entrefaites, Mgr Lecourtier, chanoine,
venait d'être nommé archevêque de Sébaste.
Mgr Maret crut devoir solliciter une promotion
archiépiscopale, afin de n'avoir pas un subordonné
supérieur en dignité ecclésiastique.

Il consulta à cet effet plusieurs évêques français.
Les prélats, dans des lettres écrites au ministre du

10 août au 10 septembre 1879, sollicitent pour leur collègue de Sura, la demande de la dignité archiépiscopale. Parmi les graves signataires, nous trouvons les archevêques et évêques d'Alger, Alby, Rouen, Besançon, Reims, Châlons, Rodez, Autun, Bayeux, Cahors, Nancy, Saint-Brieuc.

Le gouvernement fut frappé de suppliques aussi respectables, et vers la fin de septembre 1879, notre ambassadeur à Rome introduisit l'affaire auprès du cardinal secrétaire d'État. Celui-ci se montra favorable à la requête. Le 19 octobre de la même année, M. Desprès adressait à notre ministre des affaires étrangères à Paris la dépêche suivante :

« Le Saint-Père s'est montré prêt à donner à Mgr Maret une nouvelle preuve de ses dispositions favorables, en lui conférant le titre d'archevêque *in partibus*. Le cardinal secrétaire d'État n'a fait aucune difficulté de reconnaître l'intérêt qu'il y a, au point de vue de la discipline et du bon ordre, à ce que le rang de Mgr Maret, dans la hiérarchie ecclésiastique, ne soit pas inférieur à celui de Mgr Lecourtier (archevêque de Sébaste), son subordonné. »

Toutefois l'affaire traîna en longueur et donna lieu à divers incidents, qui se trouvent officiellement relatés dans la correspondance de l'évêque de Sura avec l'archevêque de Paris. Nous la reproduisons grâce à la bienveillante communication que nous en a faite un ami de Mgr Maret.

L'étendue de ces documents et la haute autorité de leur signataire, nous dispensent du moindre commentaire.

«Archevêché de Paris, le 4 novembre 1879.

« Monseigneur,

« Votre Grandeur, ne se contentant plus du titre d'évêque de Sura, a fait des démarches auprès du gouvernement pour obtenir un titre d'archevêque, et le ministre, à son tour, pour satisfaire à votre désir, a sollicité à Rome cette faveur par l'intermédiaire de notre ambassadeur.

« Si vous aviez eu la pensée de me communiquer vos intentions, ce qui m'eût paru assez naturel après tout ce que j'ai fait pour aider à l'affermissement de votre autorité de primicier ; si, dis-je, vous m'aviez fait part de votre dessein, je me serais permis de vous faire des observations qui peut-être vous en auraient détourné.

« Il était bien difficile, Monseigneur, qu'on donnât suite à un semblable projet, sans que j'en fusse averti et sans qu'on me demandât mon opinion.

« Comme j'aime à agir toujours avec franchise et loyauté, je crois devoir vous déclarer que j'ai donné un avis tout à fait contraire.

« J'ai vivement regretté, Monseigneur, d'être obligé de traiter devant des laïques une question qui doit sembler, à leurs yeux, n'intéresser que l'amour-propre personnel, au moment où s'agitent dans notre pays d'autres questions bien autrement sérieuses, desquelles peut dépendre l'existence même de la religion en France.

« Veuillez bien agréer, Monseigneur, l'assurance de mes sentiments respectueux,

> « Signé : † J. Hipp. Card. Arch. de Paris. »

L'évêque de Sura répondit au Cardinal la lettre suivante :

« Primicériat de Saint-Denis, cabinet de l'évêque de Sura.

> « Paris, le 7 novembre 1879.

« Monseigneur,

« Je vous remercie de m'avoir fourni l'occasion, par votre lettre du 4, reçue hier au soir, de présenter à Votre Éminence quelques explications qui, je l'espère, feront disparaître toute cause de mécontentement.

« J'ai toujours pensé, avec un très grand nombre de nos collègues dans l'Épiscopat, avec d'illustres prélats romains, que le Chapitre de Saint-Denis, ayant toujours eu et pouvant toujours avoir des archevêques parmi ses chanoines du premier ordre, il était d'une haute convenance que le primicier, qui est le chef du Chapitre, ne parût pas inférieur à ses subordonnés. Ce titre, il est vrai, ne pourrait changer absolument rien à la constitution du Chapitre, ni accroître en rien l'essence de la juridiction primicériale, qui reste telle que l'ont faite les décrets apostoliques.

« De cette égalité du titre épiscopal, il résulterait seulement, pour le primicier, une augmentation d'une légitime considération, un nouveau moyen de maintenir dans le Chapitre, l'ordre, la discipline, et de remplir toute sa mission, tous ses devoirs.

« Telle a été toujours ma pensée à ce sujet. Mais ayant eu à soutenir, pendant cinq ans, une lutte vive et incessante pour la conservation même du Chapitre, sa réforme disciplinaire et l'affermissement de l'autorité primicériale, indépendamment du titre épiscopal que peut porter le primicier, j'ajournai tout autre projet. Et c'est pendant ces laborieuses et pénibles années que j'ai trouvé auprès de Votre Éminence, le concours le plus bienveillant, l'appui le plus puissant ; et je ne saurais trop vous exprimer ma reconnaissance, égale à mon respect.

« L'ordre et la paix étant à peu près rétablis à Saint-Denis, pendant le courant de l'été dernier, je crus, avec plusieurs de nos vénérables collègues, que le moment était arrivé de chercher à obtenir, pour le primicier, le complément de dignité, demandé par toutes les convenances, et très utile, sinon nécessaire, à l'accomplissement de sa mission. Certes, et je le dis devant Dieu, il ne vint à la pensée de personne d'élever une sorte de rival à l'archevêque de Paris !

« Quelle infinie distance entre un modeste primicier de Saint-Denis, même archevêque, et le premier pasteur d'une des plus considérables Églises du monde ! Vouloir les égaler, ce serait un projet aussi insensé que ridicule. Les évêques qui ont voulu relever, autant qu'elle peut l'être dans ses justes limites, l'autorité primicériale, n'ont vu en cette question qu'une question d'intérieur du Chapitre, n'ayant aucune relation nécessaire avec l'autorité et la dignité des archevêques de Paris, qu'ils soient cardinaux ou qu'ils ne le soient pas.

« Pour en venir à l'exécution, le vénérable prélat, qui avait bien voulu prendre la direction de l'affaire, crut qu'il fallait d'abord s'assurer du consentement du Gouvernement. Il rédigea une courte note qu'il remit lui-même au ministre et à laquelle adhérèrent douze ou quinze évêques, parmi lesquels trois archevêques. Le gouvernement se montra favorable. Sur ces entrefaits, le prélat qui avait pris l'initiative, étant allé à Rome, eut l'honneur de soumettre ce projet à un illustre prélat et au Souverain

Pontife lui-même et ne reçut de leur part que des paroles d'encouragement. Le Gouvernement fut averti alors par le prélat lui-même qu'il pouvait présenter officiellement la demande du titre. Il le fit par l'intermédiaire de son ambassadeur. L'affaire marcha très vite, et le 19 octobre dernier, le ministre des Affaires étrangères adressa une dépêche officielle à son collègue des Cultes, pour lui annoncer que la négociation avait pleinement réussi et que l'affaire était terminée à Rome. On a bien voulu me donner communication de cette dépêche ; et j'ai l'honneur de la mettre sous les yeux de votre Éminence. La dépêche est jointe à cette lettre.

« Tels sont les faits. Vous y verrez facilement, Monseigneur, que je n'ai fait aucune demande, ni au gouvernement ni au Saint-Siège. Cette demande est venue de mes amis dans l'Épiscopat, qui sont aussi les vôtres, Monseigneur. J'ai connu sans doute ces démarches ; je les ai même secondées auprès de mes collègues dans une certaine mesure ; et je n'hésite point à faire cet aveu, parce que ma conscience devant Dieu ne me fait aucun reproche. Je crois n'avoir pas obéi à de misérables sentiments de vanité ; je crois n'avoir voulu que ce qui est convenable ou utile au bien du Chapitre, dont j'ai la responsabilité. Mais j'ai dû me tenir, je me suis tenu en effet en dehors de toute démarche officielle. Là se trouve le motif pour lequel je ne vous ai point consulté sur ce projet. Jamais je n'ai eu l'intention de rien vous cacher. S'il y a eu dans ma vie quelque mérite, il a consisté, je puis le dire, dans la loyauté et la droiture. N'admettant d'aucune manière que votre dignité pût être intéressée dans cette question et m'étant imposé le devoir de rester en dehors de toute démarche officielle, j'ai cru que le meilleur parti était celui du silence. D'ailleurs, pendant que l'affaire se traitait, j'étais absent de Paris et me trouvais à Vichy, et plus tard en Auvergne.

« Il y a une quinzaine de jours que j'eus l'honneur de recevoir la visite de Mgr le Nonce apostolique. Il venait m'apprendre que des difficultés s'étaient élevées depuis peu contre le projet de la collation du titre archiépiscopal. Il me demandait de me retirer momentanément de l'affaire, et d'obtenir du gouvernement l'ajournement de toute démarche ultérieure. Au premier chef, je répondis que, n'ayant rien demandé, je n'avais à retirer aucune demande, mais que ma soumission la plus entière était acquise aux volontés du Souverain Pontife. Touchant le second chef, je promis d'agir auprès du ministre selon les intentions de Mgr le Nonce.

En effet, dès le lendemain, j'eus l'honneur de voir M. le Directeur général des Cultes. Il me déclara sans hésiter que le gouvernement tenait la question du titre archiépiscopal, qu'il avait demandé comme entièrement décidée par la dépêche du 19 octobre ; mais qu'il ne presserait pas, pour le moment, l'exécution de la parole donnée ; et qu'il mettrait à conclure l'affaire toute la sagesse convenable. Depuis lors, je n'ai pas revu M. Flourens. Je rendis compte de cet entretien à Mgr le Nonce, que je n'ai pas eu l'honneur de revoir non plus.

« Voilà, Monseigneur, dans toute son exactitude, l'exposé de l'affaire.

« Maintenant il faut que votre Éminence me permette de lui parler avec une entière franchise.

« Si après avoir lu cette lettre, votre Éminence maintient encore son opposition, et si cette opposition a le dessus, elle m'expose à de grandes douleurs, à de grands malheurs ! Le Saint-Père s'est montré décidé à m'accorder la plus grande, la plus touchante marque de son infinie bonté ; j'attachais à cette grâce le plus grand prix. Cette collation du titre archiépiscopal était une consolation pour ma vieillesse ; car, Monseigneur, si vous êtes de 1802, je suis de 1805 ; et il n'y a pas entre nous une grande différence d'âge. Consolation de mes vieux jours, cette promotion était une confirmation nouvelle des actes de mon administration et me permettait de travailler encore au bien avec plus de zèle et peut-être plus de succès.

3

« Mais si toutes ces espérances croulent, au lieu d'une nouvelle marque de bienveillance du Saint-Père, j'éprouverai un nouveau refus de Bulles. Celui de 1861 a été une des plus grandes douleurs, une des plus graves épreuves de ma vie ; celui de 1879 désolerait et briserait ma vieillesse !

« Deux refus de Bulles dans une seule vie, je ne crois pas qu'il y en ait d'exemples dans l'histoire ecclésiastique !

« Sous le poids de ce refus, l'action du primicier serait en partie paralysée dans sa sphère, et l'œuvre d'édification que vous avez même voulue et secondée, serait atteinte et compromise.

« Je ne puis croire, Monseigneur, que vous ayez envisagé, dans toute leur gravité, ces suites de votre opposition. Et sur qui retomberaient-elles ? Sur un évêque dont toute la vie a été consacrée à la défense de la religion et qui n'a cessé de travailler pour elle ; sur un évêque qui, pendant seize ans, a rendu à votre propre diocèse de longs et laborieux services, jusqu'à compromettre sa santé ! J'ai trop de confiance dans votre justice, Monseigneur, pour croire qu'après un mûr examen, vous persistiez dans une opposition dont les raisons, avec mes explications, semblent ne pas exister.

« Dans tous les cas, je mets ma confiance en Dieu, dans la justice et la bonté du vicaire de Jésus-Christ.

« Je n'ai point à envisager ici ce qui pourrait naître du conflit qui pourrait surgir des difficultés sou-
levées.

« Que la sagesse sache écarter ces dangers !

« Oui, les temps sont difficiles et les périls de l'É-
glise immenses ! Je n'ai pas d'autre pensée [ni
d'autre désir que de lui témoigner ma fidélité,
mon dévouement, et de lui consacrer mes dernières
forces.

« J'ai l'honneur d'être avec respect, Monseigneur,
de Votre Éminence, le très humble et dévoué serviteur,   « Signé : H. L. C., évêque de Sura. »

Le 16 novembre courant, S. Ém. le cardinal
Guibert adressa cette nouvelle lettre à Monseigneur
de Sura :

« Paris, le 16 novembre 1879.

« Monseigneur,

« J'ai reçu la lettre que votre Grandeur m'a écrite
le 7 du courant, pour me donner des explications
sur les démarches faites par elle dans le but d'obtenir le titre d'archevêque *in partibus*.

« Loin de me convaincre de l'opportunité de la
dignité nouvelle que vous sollicitez, vos explications n'ont fait que me confirmer dans le sentiment
d'opposition que j'ai déjà exprimé et qui est fondé
sur les plus graves motifs.

« Ces motifs, Monseigneur, vous les avez pressen-

tis ; et c'est sans doute pour cela que les négociations relatives à cette affaire m'ont été soigneuse-
ment cachées. Vous avez eu pendant plusieurs
mois des entretiens ou des correspondances avec
une douzaine de prélats pour les rendre favorables
à votre dessein ; c'est vous-même qui le constatez
dans votre lettre.

« Comment la pensée ne vous serait-elle pas venue
de m'en parler, à moi, qui vis à côté de vous, dans
la même ville, et qui vous ai toujours prêté aide
et secours dans vos démêlés avec le Chapitre de
Saint-Denis ? La raison de votre silence envers
moi, c'est la crainte d'une opposition que je pour-
rais faire à votre désir.

« Cette crainte, Monseigneur, était tout à fait fon-
dée. Je ne fais pas difficulté, après expérience
faite, de confesser que je me suis trompé lorsque,
au moment de la reconstitution du Chapitre de
Saint-Denis, j'ai opiné, auprès du gouvernement
qui m'interrogeait, pour l'établissement d'un primicier indépendant de l'archevêché de Paris. Je
cédai à des considérations toutes prises dans l'ordre surnaturel, me persuadant que si le chef vivait au milieu des membres du Chapitre, donnant
l'exemple de la résidence, de l'assistance aux offices,
sinon chaque jour, du moins le dimanche, aux
fêtes des Apôtres et aux principales fêtes de

l'année, il en résulterait un grand bien pour la régularité de ce corps vénérable et pour l'édification publique.

« Il y avait là de ma part une pieuse illusion. Non seulement le primicier n'a pas donné ces exemples, mais depuis le nouveau régime, il s'est élevé dans le sein du Chapitre de bien tristes dissentiments, qui sont loin d'être entièrement apaisés. En outre, des difficultés ont surgi entre le clergé de la paroisse et celui de la basilique, à l'occasion des pèlerinages. J'ai fait ce qui était en moi pour prévenir ou éteindre ces différends, abondant toujours dans le sens de votre autorité, et j'ai le regret de voir que les germes de ces maux subsistent toujours.

« Les derniers archevêques, mes prédécesseurs s'étaient montrés plus sages et plus éclairés. Ils, avaient compris que deux juridictions dans le même lieu, sur un territoire si restreint, donneraient occasion, un jour ou l'autre, à des conflits toujours très fâcheux ; et c'est ce qui les avait engagés à demander que les dignités de primicier et de grand aumônier ne fussent point séparées de l'archevêché de Paris. Ce qui se passe en ce moment, Monseigneur, entre vous et moi, confirme la sagesse de l'ordre précédemment établi. Je n'en demanderai jamais le rétablissement, puisque c'est

spontanément que j'ai refusé la charge du Primicériat qui me fut offerte par le gouvernement à mon
arrivée à Paris. Mais j'ai l'intime conviction que
lorsque nous aurons disparu, vous et moi, on re-
viendra à l'ordre primitif. Votre Grandeur com-
prendra donc facilement que je doive m'opposer,
autant qu'il dépend de moi, à un accroissement de
dignité qui ne remédierait nullement aux inconvé-
nients que j'ai signalés et qui en rendrait plus
difficile la suppression dans l'avenir.

« Permettez-moi, Monseigneur, avant de terminer,
de vous supplier, au nom de l'honneur et de la dignité de l'Église, de ne pas donner d'autres suites
à vos démarches. Que doivent penser de nous les
hommes du gouvernement, devant lesquels nous
agitons de pareilles questions dans un moment où
l'Église est entourée de tant de périls ? Ce sont des
laïques qui ne comprennent pas les choses de la
religion comme nous les entendons nous-mêmes.
Ils croiraient que votre Grandeur poursuit une
satisfaction de pure vanité, et que, de mon côté, je
cède à un sentiment de susceptibilité jalouse. Ils
se tromperaient sans doute, mais ils n'en seraient
pas moins scandalisés.

« Veuillez bien agréer, Monseigneur, l'assurance
de mes sentiments respectueux et dévoués.

« Signé : † J. Hipp. Card. Guibert, arch. de Paris. »

L'évêque de Sura fit à cette lettre la réponse suivante :

« Paris, le 25 novembre 1879.

« Monseigneur,

« Veuillez me permettre de répondre à la lettre que vous avez bien voulu m'écrire le 16 novembre. Cette réponse est nécessaire.

« Votre Éminence est persuadée que j'ai prévu son opposition à la demande du titre archiépiscopal, formée par plusieurs archevêques et évêques. Je vous déclare devant Dieu que je n'ai jamais prévu cette opposition ; que je n'ai jamais pensé que la demande de mes vénérables amis pût rencontrer aucune difficulté sérieuse. Jamais il n'y a eu entre votre humble serviteur et les vénérables prélats les *longs entretiens*, les *correspondances suivies pendant trois mois que votre Éminence suppose*. Les loyales explications présentées par un évêque à un autre évêque auraient pu, peut-être, paraître, à celui qui s'est cru offensé, une satisfaction suffisante.

« Votre Éminence ne discute aucunes des raisons qui militent en faveur de la demande : la haute convenance et l'utilité du titre, l'opinion d'un nombre respectable d'archevêques et d'évêques ; celle de l'éminentissime cardinal Nina. Elle ne s'arrête pas aux dispositions pleines de bienveillance du

Saint-Père. Elle paraît peu touchée des considérations personnelles qui lui ont été présentées. Elle
se borne à justifier son opposition en se déclarant,
pour l'avenir, contraire au régime de séparation
entre l'archevêque de Paris et le Primicérial de
Saint-Denis.

« Je n'entrerai pas, Monseigneur, dans une matière
aussi grave et aussi délicate, ni dans une question
qui ne peut avoir des conséquences actuelles, et qui
est réservée à un avenir indépendant de nous.

« Je me contenterai de rappeler à votre attention
des faits publics constants :

« 1° Le régime de l'union de l'archevêché de Paris
avec le Primicérial a été l'époque de la plus pro-
fonde décadence du Chapitre. Je n'ai point ici à en
chercher la cause ;

« 2° Le régime de la séparation en vigueur depuis
six ans a produit de bons effets. Ils sont notoires et
incontestables. Il est certain que tout a été renou-
velé à Saint-Denis ; que l'ordre, la discipline et
l'édification y règnent ;

« 3° Des conflits de juridiction n'ont jamais eu lieu
entre l'archevêque de Paris et le primicier. Jusqu'à
ces derniers jours, un bon accord, des services réciproques ont toujours existé ;

« 4° Des conflits de juridiction ne sont pas possi-
bles entre des évêques qui connaissent leurs droits

et leurs devoirs. Les droits et les devoirs du primicier sont parfaitement délimités. La question du pèlerinage ayant été réglée par vous-même, Monseigneur, elle ne peut faire naître aucune difficulté grave entre la paroisse et la basilique;

« 5° Le primicier est suffisamment armé pour maintenir dans son chapitre l'ordre, la discipline, la paix et l'édification. S'il y a encore quelques mécontents, et il y en a partout, on pourra leur faire entendre raison. De plus grands obstacles ont été surmontés ;

« 6° Il est un point sur lequel votre Éminence élève un reproche contre le primicier : celui de la résidence.

« Votre Éminence sait très bien que la résidence n'est pas rigoureusement obligatoire pour le primicier, et qu'il n'y a pas pour le primicier de territoire obligatoire.

« Mais un principe très certain, c'est que le primicier doit remplir ses devoirs.

« Je crois n'en avoir omis aucun.

« Au sujet de la résidence, votre Éminence n'est pas bien renseignée. Le primicier réside autant qu'il le doit et qu'il le peut. Le programme de résidence que vous voulez bien tracer, Monseigneur, sans vouloir exercer une juridiction sur le Chapitre, est exactement le mien, celui que j'exécute de mon mieux.

« Voulez-vous, Monseigneur, que le primicier vive au milieu de ses chanoines. J'ai à Saint-Denis un modeste appartement qui me permet de voir mes chers collègues, quand ils le veulent, de les recevoir à ma table ; et la plus favorable union règne entre le primicier et la grande majorité des chanoines. La Sorbonne, d'ailleurs, où j'habite ordinairement, n'est qu'à trois quarts d'heure de Saint-Denis ; et les rapports, par le nombre et la rapidité des voies de communication, sont toujours faciles, plus faciles que ceux d'un grand nombre de prêtres et de fidèles Parisiens avec l'archevêché.

« Vous voulez que le primicier assiste aux offices les dimanches et fêtes. Telle est la règle que je suis invariablement, à moins d'obstacles légitimes.

« Non seulement j'assiste aux offices, mais je fais, tous les ans, un cours de prédication dans la basilique, soit pendant l'Avent, soit pendant le Carême. Cette année, je prêche l'Avent.

J'officie pontificalement toutes les fois que les règles liturgiques le demandent.

« Non content de remplir ainsi tous les devoirs, j'ai voulu, sans y être obligé, prendre mon habitation constante à Saint-Denis. Mais à cet effet, il fallait quitter le Décanat de la Faculté de théologie. J'ai offert plusieurs fois ma démission. L'année dernière encore, au mois de novembre, j'écrivis au ministre de l'Instruction publique pour la lui présenter. Il me fut répondu que ma retraite de la Faculté serait le signal infaillible de sa suppression et que je devais rester.

« Vous le voyez, Monseigneur, vous n'avez pas été victime d'une *pieuse illusion ;* et les motifs de votre opposition ne semblent pas la justifier.

« Je ne puis croire, Monseigneur, qu'il y ait un parti pris d'hostilité et de défiance. Mon passé tout entier, mon dévouement et ma fidélité à l'Église prostesteraient contre ces sentiments.

« Dans le but d'une légitime défense, j'ai dû rappeler des faits publics et constants qui donnent le vrai caractère du régime de la séparation sous celui de mon gouvernement. De là, il ne suit nullement que je sois contraire au régime de l'union. Parfaitement desintéressé dans les combinaisons qui se feront après ma mort, je ne voudrais pas cependant que les jours qui me restent à vivre fussent attristés par une opposition imméritée à un titre qui, par lui-même, ne pourrait avoir aucune influence sur les futures déterminations. Je ne crois pas, Monseigneur, que la conduite de votre Éminence dans cette affaire, ni la mienne non plus, puissent être injustement appréciées par l'autorité laïque, qui s'est montrée aussi bienveillante que sage.

« Puisse cette lettre vous porter, Monseigneur, à rendre à un collègue qui s'est toujours montré envers vous respectueux et dévoué, la justice qui lui est due ! Puisse cette lettre écarter l'obstacle à une faveur que le Saint-Père paraît m'avoir déjà accordée en principe, et qui serait la consolation d'une vie traversée par de grandes épreuves et de grandes douleurs !

« Que votre Éminence veuille bien agréer, etc., etc.

« Signé : ☩ H. L. C. Évêque, de Sura. »

Mgr Maret produisit en outre un mémoire justificatif et détaillé de l'affaire, le 29 novembre 1879. Un exemplaire en fut remis au pape Léon XIII, qui est toujours disposé en faveur de la France, dont il défend personnellement la cause, jusque dans le sacré Collège où se trouvent des influences allemandes parfois hostiles.

Enfin, sur les instances du Cardinal Lavigerie, qui, dans un de ses passages, lors d'un retour de Rome, informa Mgr Guibert que, si le gouvernement français insistait, la cour de Rome passerait outre à l'opposition de l'archevêque de Paris, l'éminent Cardinal voulut bien donner son adhésion et avoir cette promotion pour agréable. Aussi, le 15 septembre 1882, l'évêque de Sura fut nommé archevêque de Lépante. Il renouait la chaîne un instant interrompue des primiciers archevêques, celles de Nosseigneurs Darboy et Morlot, archevêques de Paris ; de Croy, archevêque de Rouen ; de Périgord, archevêque de Reims ; Fesch, archevêque de Lyon, le premier des primiciers, comme Mgr Maret en sera le dernier, sous ce gouvernement.

Les incidents qui précèdent étant connus du public, nous avons donné les pièces officielles, afin qu'on n'en exagérât ni le fond ni la forme. C'était le moyen peut-être habile, mais sûrement respectueux à l'égard des signataires, de réserver notre opinion.

Un mot sur l'affaire des fouilles de la basilique de Saint-Denis, par la dame Cailhavas, contre lesquelles protesta avec raison Mgr Maret, dans un long et savant mémoire remis au ministre le 23 octobre 1882, et dont voici le passage principal :

« D'après les documents authentiques qui se trouvent aux Archives nationales, dans la nuit du 11 au 12 septembre 1793, conformément au décret de la Convention, par ordre du département, et en présence du district et de la municipalité de Saint-Denis, on enleva du trésor tout ce qu'il renfermait. Ces grandes richesses, accumulées depuis l'origine de la Monarchie, furent déposées dans des caisses

de bois, etenvoyées , le 13 du même mois, vers les
dix heures du matin, à la Convention qui les desti-
nait à la Monnaie. Tous ces objets précieux ne furent pas cependant détruits ou fondus. La Biblio-
thèque nationale en possède encore quelque-uns,
dans son cabinet des antiques. (*Description de la
ville de Saint-Denis,* par Flamand Grétry, chapitre I
et II.) Mais les religieux de Saint-Denis ne purent
en conserver aucun. Toutes les pièces qui compo-
saient le magnifique trésor étaient enregistrées,
parfaitement connues du public ; et nous en avons
encore la description dans Félibien (*Histoire de
l'abbaye de Saint-Denis.*)

Les religieux ne purent pas même sauver les
châsses de saint Denys et de saint Louis ; et le
dernier trésorier, dom Warenflot, gardé par des si-
caires, ne put, en exposant sa vie, qu'arracher à la
profanation, et conserver à la piété des fidèles, les
restes venérés des apôtres de notre Gaule. (*Procès-
verbaux de la translation des corps de saint Denys et de ses compagnons; archives du chapitre.*)

Dès lors, il ne pouvait exister aucun trésor dans
le sol de la basilique, qui avait été déjà fouillé en
1793 suivant le récit de Robert, témoin occu-
laire ».

L'autorisation donnée à la femme Cailhavas fut
donc une faute lourde et grotesque à la fois.

« L'homme est un animal superstitieux, quand il n'est pas religieux », a dit Gœthe. Pas plus que d'autres, les ministres n'échappent au prestige d'une baguette divinatoire, tenue par une vieille enchanteresse. C'est peut-être fatidique, mais c'est drôle.

L'archevêque de Lépante ne jouit pas longtemps de son titre archiépiscopal.

Dans la seconde semaine de juin, alors que rien ne faisait prévoir une catastrophe prochaine, malgré son grand âge, Mgr Maret fut atteint d'un érysipèle à la face.

Les soins les plus assidus ne purent conjurer le mal, qui fit de rapides progrès, et le dimanche 15 juin, M. Icard, supérieur du séminaire de Saint-Sulpice, vicaire général de Paris, vint administrer l'illustre malade. Lorsque le moribond fut averti qu'il allait recevoir les derniers sacrements, il demanda à s'asseoir sur son lit, ordonna à son valet de chambre de se mettre en tenue et attendit dans le recueillement.

A l'heure dite, il reçut avec une grande foi l'extrême-onction, répondant aux prières liturgiques.

Puis la fièvre augmenta et le délire commença.

C'est alors que ses familiers l'entendirent réciter les diverses prières de la messe et faire les mêmes signes que le prêtre accomplit à l'autel.

Au moment où il eut prononcé l'*ite missa est*, les assistants, fondant en larmes, tombèrent à genoux, et l'on vit cet évêque en agonie, relevé sur son séant; répéter inconsciemment ce qu'il avait fait toute sa vie avec bonheur, bénir et prier.

Bénédiction suprême d'un mourant qui tombait sur des serviteurs de vingt ans, fidèles et désolés.

Quelques heures après, le 16 juin 1884, à une heure du matin, Mgr Louis-Henri-Charles Maret s'endormit de l'éternel sommeil, après soixante-dix-neuf ans de catholicisme, trente-quatre ans de prêtrise, et vingt-trois ans d'Épiscopat.

Que son âme repose en paix, tandis que son corps attend le dernier réveil dans les caveaux de Saint-Denis!

Imp. de la Soc. de Typ.- Noizette, 8. r. Campagne-Première Paris.

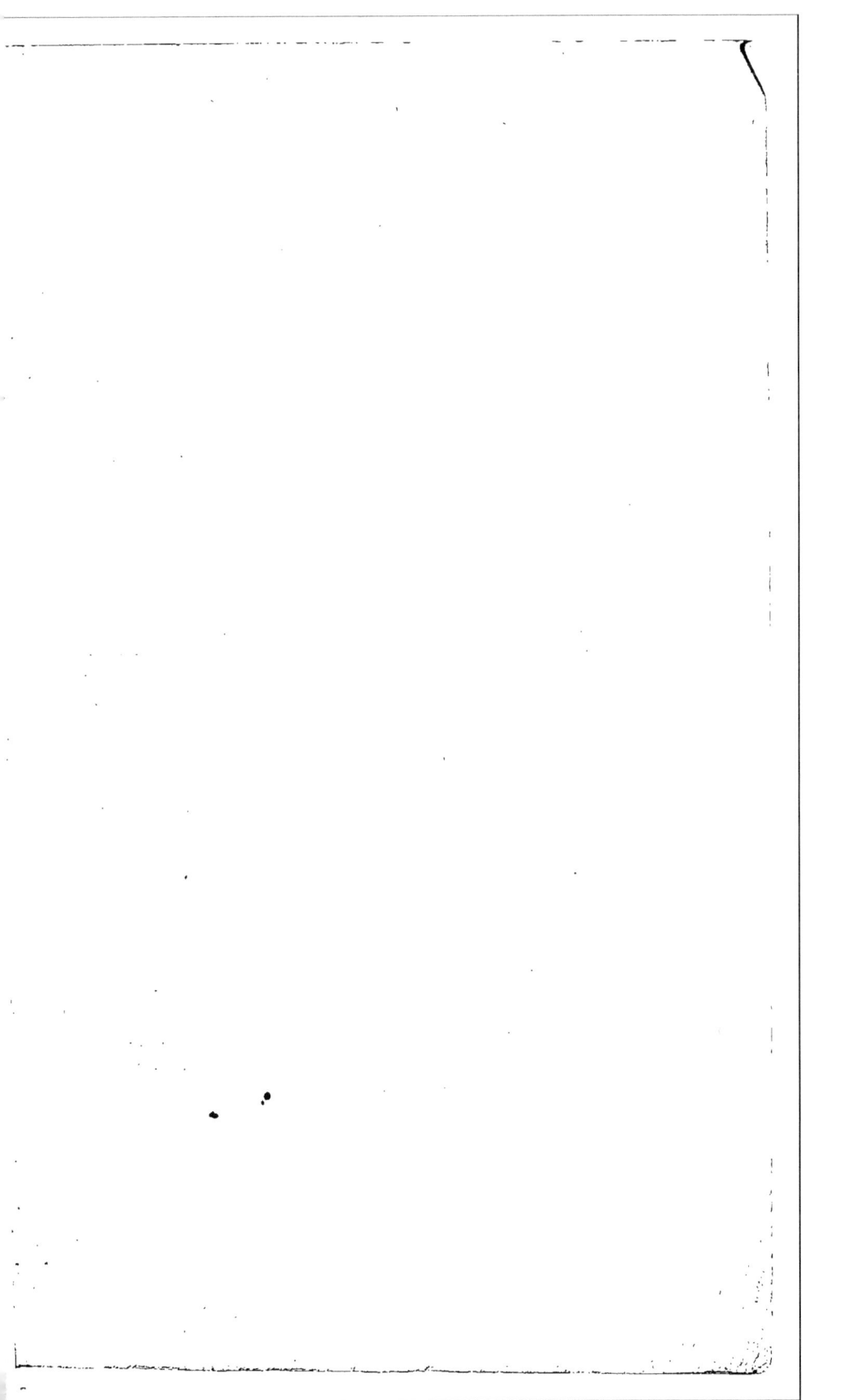

Imp. de la Soc. de Typ.- NOIZETTE, 8, r. Campagne 1re.